NOTICE

_{SUR}

M. L'ABBÉ BOUSCAILLOU

NOTICE

SUR

M. L'ABBÉ BOUSCAILLOU

ANCIEN MAITRE DE CHAPELLE ET VICAIRE DE LA CATHÉDRALE

CURÉ DE LÉVIGNAC

ET DE SAINT-ÉTIENNE DE VILLENEUVE

PAR

M. LE CHANOINE DELRIEU

DOYEN DU CHAPITRE D'AGEN

SE VEND AU PROFIT DE LA CONGRÉGATION DE SAINTE-BLANDINE

0,50 Centimes

A AGEN, chez le Directeur de l'OEuvre, rue des Augustins, n° 21.

A VILLENEUVE-SUR-LOT, Couvent de la Miséricorde et des Fracciscains.

A VILLERÉAL, Couvent des Dames de la Croix.

1879

IMPRIMATUR.

† J. ÉMILE , *Évêque d'Agen.*

NOTICE SUR M. L'ABBÉ BOUSCAILLOU.

Le Chapitre de Saint-Etienne d'Agen a eu trop à se louer et à se féliciter, pendant les 18 années de la direction de ce précieux maître de chapelle ; la paroisse de Saint-Caprais fut trop redevable à cet infatigable vicaire, pendant le même laps de temps, nos relations jusqu'à sa mort furent trop intimes avec ce cher confrère qui fut tour-à-tour condisciple et collègue au Petit-Séminaire, pour que l'ami et le chanoine n'acquitte pas un double tribut de reconnaissance et d'éloge à une mémoire toujours vivante dans le chœur de notre cathédrale, et dans les bénédictions d'une innombrable clientèle dans la ville d'Agen et de Villeneuve (Saint-Etienne, sa cure).

Le veuvage de notre lutrin et du régime choral ne contribue pas peu à rehausser la gloire de sa manécanterie, le naturel sans prétention de cette voix si riche et l'imperturbable assurance de sa méthode si habile, si savante et toujours admirable d'abandon et de dévouement.

Nos détails historiques justifieront ce préambule. La jalousie s'insurgerait en vain....

M. Bouscaillou naquit à Villeréal le 13 Mai 1805 dans la famille des Villeréal-Lassaigne. Sa grand'mère fut toujours sa chère et vénérable conseillère. Aussi, fut-il toujours son bien-aimé.

Son père était un riche et honorable propriétaire de Sainte-Sabine, dans la Dordogne, à l'extrême limite des deux départements.

L'unique héritier, le seul espoir de ce nom et de cette fortune fut envoyé au collége voisin de Bergerac, très florissant à cette époque. Ses progrès y furent rapides et satisfaisants, dans les mathématiques surtout, comme la rédaction journalière des leçons que nous avons vue et les bulletins trimestriels le témoignaient. Sa conduite et son excellent caractère lui attiraient l'amitié de ses camarades et l'affection de ses maîtres. Sa constitution forte et robuste s'était développée de bonne heure et sa taille lui donnait dans l'adolescence, la vigueur et la mâle beauté de son âge viril.

Un matin, à la récréation du déjeûner, au moment où l'exactitude de la règle donnait carrière aux langues, un ami, un condisciple, un voisin rapproché de pays et de dortoir, accourt moitié riant, moitié grondant : « Eh ! dis donc, Numa, qu'avais-tu toute cette nuit, tu m'as tenu éveillé avec toutes tes jubilations, tes exclamations de prières et d'actions de grâces. Que t'est-il donc arrivé de si heureux... tu ne m'en avais rien dit ? »

« Mon ami, je suis bien content, j'ai reçu la nouvelle de la naissance d'un frère. » « Imbécile, ne comprends-tu pas que cette naissance amoindrit ton avenir, elle devrait plutôt te déplaire... Non, non, jusqu'ici tous mes parents s'opposent à mes désirs. Ce frère tiendra ma place, et mes parents, je l'espère, ne me refuseront plus de me laisser entrer au Séminaire. »

Par hasard, dans le coupé de la diligence d'Agen à Villeneuve, un étranger, au sujet de ces informations sur ce vicaire de la cahédrale, notre ami, ce même condisciple de Bergerac nous faisait le récit de l'entretien du collége, à leur récréation du matin.

Nous visitions ce vénéré confrère à sa campagne de Sainte-Sabine où son infirmité lui avait fait chercher une retraite tranquille, après sa démission de la sollicitude et des fatigues pastorales. Toujours cordial et serein, il nous faisait les honneurs de sa villa, nous montrait ses hautes futaies, ses moulins, nous faisait asseoir sur le banc rustique du grand'père, où l'aimable vieillard avait dit à son cher petit-fils les histoires du passé et du lieu, et où, vieillard lui-même, il passait maintenant des heures solitaires à bénir le grand'père et à repasser les histoires du passé. Tout en trainant son pied malade à travers ses bois et ses broussailles, il avait voulu nous faire contempler, au sommet d'une colline, le bassin magnifique du Dropt, Lauzun, où il nous racontait le fructueux ministère d'un ami commun, M. Derras. Jamais, malgré notre visible intimité, nous n'avions eu l'indiscrétion d'entrer dans les secrets de sa vocation naissante. Ce jour-là, en descendant de la colline, il se montrait si abandonné, si heureux de cette excursion même pénible, que nous nous primes à lui redire le récit du collége et l'entretien animé du reproche matinal à Bergerac. « Je le connais, nous répondait-il, sans s'étendre, et dans le calme habituel de son sourire, c'est un protestant, il est de Montflanquin.

Ainsi le jeune Numa, heureux d'avoir un frère pour porter son nom et le remplacer dans l'héritage, obtenait enfin le consentement désiré et entrait en rhétorique au Petit-Séminaire d'Agen.

M. Bouscaillou gagna bientôt à Agen, auprès de ses maîtres et de ses condisciples, l'estime et l'affection qu'il laissait à Bergerac. Son goût, ses connaissances du plain-chant et de la musique, sa voix si belle, si étendue, si douce dans sa vigoureuse sonorité, lui ouvrirent cette carrière magistrale dans la direction du chant vraiment ecclésiastique, qu'il remplit parmi nous avec tant d'éclat.

M. le supérieur avait béni son entrée; il en connaissait la pureté des motifs, il ne tarda pas à s'en féliciter et à l'admettre dans ses bonnes grâces.

Après l'année de philosophie, M. Tailhié prit M. Bouscaillou pour maitre d'étude et pour économe.

Notre économe s'était muni des larges instructions d'une habile et intelligente ménagère, de sa grand'mère maternelle; novice dans la pratique, il était peut-être trop large dans l'administration domestique d'une communauté pauvre et naissante, peu sévère peut-être dans les dépenses, par les habitudes d'une grande maison, l'économe reçut des observations qu'il prit pour des reproches. Un jour qu'il se présentait à la caisse pour recevoir une somme totale et couvrir les fournitures du mois, le supérieur toujours si généreux à propos, mais toujours rigide et vigilant dans la manutention des aumônes qui alimentaient le Séminaire, M. Tailhié se récria à la vue du chiffre total. L'économe humilié allait chercher son cahier-journal pour justifier en détail le compte-rendu. M. le Supérieur l'arrêta avec calme.. « Mon enfant, ce n'est pas l'exactitude du chiffre que je soupçonne, à Dieu ne plaise! c'est le développement progressif de votre budget que je regrette. »

L'année s'acheva. M. Bouscaillou fut pourvu, à la rentrée, de la chaire de sixième, des classes de chant et de mathématiques.

Le chant, les mathématiques étaient bien dans son goût, dans ses aptitudes, l'enseignement classique lui allait moins bien. Des enfants à contenir, des éléments indispensables à inoculer chaque jour, avec mesure, avec une patience expectative, et dans la proportion des progrès, l'enseignement classique n'allait pas à sa nature. Son enseignement était clair, solide, nourri, mais vif, rapide, bruyant, sans patience ni sans répétition.

Par amitié, il avait repris en son cœur, les études tronquées des mathémathiques. Seul avec son élève, tête-à-tête, pendant une heure chaque jour, devant le tableau, il criait dans une classe étroite, comme en pleine place un caporal commande une escouade de jeunes recrues. L'élève riait sous cape; sur la fin de cette année laborieuse, l'élève, passionné pour la littérature négligea quelques préparations des problèmes du lendemain. Tout s'enchevêtre dans ces solutions : trois de ces lacunes avaient désarçonné l'intelligence de l'élève, il avoua sa négligence, renonça à l'abus de ce dévoûment fraternel, en témoigna et conserva une vive reconnaissance.

Nous entrons dans la gloire du chorège : nous dirons quelques mots et nous traiterons, dans un seul tableau, tous les linéaments de cette figure chorale, bien grande dans nos jouissances et dans nos souvenirs.

M. Bouscaillou s'était formé au Petit-Séminaire un chœur de voix demeurées célèbres dans le clergé de cette époque. Sous le feu de son regard, l'animation de son visage et de son geste, son régiment marchait docile à la mesure, à la précision, au mouvement ingénieux de sa baguette. On eut dit un seul homme multipliant sa voix à son gré et fournissant dans l'unité et l'harmonie, aux exigences voulues de toutes les partitions.

M. Tailhié était heureux de la piété de ses enfants aux saluts du soir, dans les grandes fêtes. Pour l'honneur de Jésus dans l'adorable Eucharistie, pour les décors de son autel, la dévotion du prêtre n'écouta jamais les règles économiques du supérieur.

Un jour, il demanda en secret à M. Fourgous une belle composition, sur les paroles latines de son choix et lui en remit le texte écrit de sa main. M. Fourgous s'empresse de donner libre satisfaction à cette honorable demande. M. Tailhié remettait à M. Bouscaillou ce fameux *dignus est Agnus* dont retentirent pendant si longtemps toutes les principales églises du diocèse. A la lecture, ceux de nos Messieurs qui étaient compétents admirèrent les beautés de cette composition musicale, mais promirent de la besogne à M. Bouscaillou pour son exécution. Je vous le promets pour la très prochaine fête, disait le Maëstro. Le lendemain, il rassemble ses voix dans la grande salle, distribue les partitions à chaque division et le motet était enlevé et exécuté au premier salut solennel. M. Fourgous et les amateurs de la ville qu'il avait invités, complimentèrent M. Bouscaillou sur cette intelligente et prompte exécution.

En 1836, à l'ouverture du Jubilé, son triomphe eut plus d'éclat. Toutes les corporations en costume officiel, toutes les troupes de la place, sous les armes, toutes les notabilités et une foule compacte encombraient la vaste enceinte de Notre-Dame d'Agen où devait se faire l'ouverture solennelle du Jubilé.

Les deux Séminaires, le Clergé des quatre paroisses, le Chapitre, tous en habit de chœur, entouraient l'autel. Mgr Jacoupy, entouré de tous ses ministres, commençait la messe pontificale, au milieu de cette pompe majestueuse. Le lutrin achevait l'introït, avec cette solennité qui lui était particulière. Tout-à-coup, dans ce silence du Chœur, dans cette attention religieuse qu'imposait la majesté des cérémonies, vers l'autel, éclate comme d'une seule bouche, le *Kyrie* de la grand'messe de Dumont, entonné en parties, par soixante voix d'élite, dirigées par M. Bouscaillou et soutenues par les sons puissants d'une contre-basse, dont la main savante de M. Thourelly conduisait l'archet.

A ce début inattendu, toute l'assistance, toutes les têtes, tous les regards se portèrent vers la tribune où s'exécutait en parties ce chant admirable. Un frémissement soudain nous avait tous saisis d'étonnement et d'admiration. Malgré la discipline, tous les officiers avaient suivi le mouvement de cette curiosité générale.

C'était les élèves du Grand et du Petit-Séminaire, tous formés par M. Bouscaillou et tous ravis de lui obéir.

Tous les journaux de l'époque et tous les connaisseurs de la ville donnèrent de grands éloges à ce succès prodigieux ; et quelques témoins en parlent avec émotion.

M. Bouscaillou dirigea le chœur de la Cathédrale avec le même zèle et le même enthousiasme sympathique. La solidité imperturbable de sa méthode était si bien avérée qu'un dimanche de carême, le chef du lutrin ayant hésité, dans un passage scabreux, à la grand'messe du Petit-Séminaire, avait ressenti comme une espèce de remords. Ce pauvre M. Labadie était passionné pour le chant ecclésiastique et il possédait tous les moyens de réussir : « Je vais à la grand'messe de la Cathédrale, disait-il, dans son trouble. » — « Celle de la maison ne vous suffit donc pas aujourd'hui, lui disions-nous, avec surprise ? » — « J'ai besoin d'entendre M. Bouscaillou dans un passage du trait qui me donne des scrupules. »

A la récréation : « Eh ! bien les scrupules ?... » — « M. Bouscaillou a traversé le détroit comme en pleine mer. Il est tombé sur ces notes comme un chat sur ses pattes. »

Il est arrivé à M. Bouscaillou, dans les jours de presse au confessionnal, de donner le ton à ses chantres du fond de sa cellule. Il lisait le plain-chant dans le graduel, comme les Orientalistes lisent leurs écritures de droite à gauche. Il n'admettait ni les fioritures, ni les tons, ni les trémolo à effet ; il chantait comme il parlait, *ore rotundo*, et il chantait à tous les versets de la psalmodie et du chant sans s'épargner et tout simplement. Ainsi le permettait sa forte constitution, mais ainsi le réclamait son zèle sacerdotal, pour son propre acquit dans l'office divin.

Il donnait à son lutrin le luxe d'un serpent dont la robuste sonorité dominait et dirigeait en mesure le chant sacré. Il laissait souvent chanter ses aides, et quels aides ! deux solistes préférés pour les grands jours, mais seulement dans le Chœur, des anciens élèves de la maitrise de Saint-Etienne avant la Révolution, rompus dans une intelligente pratique. admirés pour l'étendue et la beauté de leurs voix, un Boivin, chef solide et habile, appelé dans les deux Séminaires pour donner ses leçons à amateurs d'élite, un Pébernat, maniant dans tous les tons un serpent de vieux système et se jouant sur l'ensemble avec des variations hardies dont la moelleuse souplesse faisait chercher dans ses mains un tout autre instrument : sa voix était bien supérieure au jeu de l'artiste.

Vicaire, Curé de Lévignac et de Saint-Etienne de Villeneuve, M. Bouscaillou parcourut une carrière de bénédictions et d'estime, pour ses qualités personnelles, et les services qu'il était si heureux de multiplier.

Vicaire de la Cathédrale, son caractère affable, ses manières polies, son humeur joviale, sans cesser d'être digne, lui avaient déjà acquis une entrée honorable dans quelques familles distinguées de la société. Bientôt des liens de parenté, des rapports officieux, l'acceptation toujours facile et prompte, sa fidélité journalière aux heures de tous les devoirs de son sacerdoce, lui donnèrent accès dans les conditions élevées de la magistrature et de l'aristocratie, sans lui faire négliger la personne et l'amour du pauvre peuple.

Aussi, nous le savons, chez les uns et chez les autres son influence fut grande, utile dans maintes occasions importantes et à plus d'un malheureux.

Prêtre, il monta en chaire pour l'acquit de son devoir. Sa parole était simple, claire et solide. Mais soit urgence d'autre besogne, soit défaut de temps, sa prédication était quelquefois creuse. Il en sentait les lacunes dans l'action : alors l'animation du geste et de la voix cherchait à suppléer à ce vide.

Il le comprenait si bien qu'il se condamnait lui-même de bon cœur et il disait : Quand je crie beaucoup c'est alors que les idées sont moins abondantes pour mon sujet.

Les anciens, les dignitaires du clergé l'accueillaient toujours avec bonté souvent avec une aimable familiarité. Quelques-uns le prirent même pour confesseur.

Son vénérable curé, le saint monsieur Dumas, ne voyait en lui qu'un fils respectueux et dévoué. Ce digne curé de la cathédrale lui confia ses dispositions dernières, lui abandonna la distribution de ce qu'il pourrait laisser à sa mort, et au gré de la charité et de la conscience de ce dépositaire. Oui, M. Bouscaillou avait le cœur riche ! ce n'est pas lui qui abandonna l'ami dans les disgrâces, qui déserta la maison tombée dans l'infortune ! nous avons vu, sur une couche d'angoisses et de douleurs, dans une détention humiliante, des yeux ruisseler de larmes, des lèvres frémir d'émotion sous la vive impresssion de la reconnaissance et sous les sentiments exaltés d'un saint respect pour la charité du prêtre. Au milieu du délaissement général de l'ingratitude, l'ami des jours meilleurs, le prêtre avait persévéré dans sa fidélité et dans son dévoûment. Plusieurs fois la semaine, il se dérobait à ses occupations du ministère, pour un ministère non moins sacré, il venait compatir à la souffrance, relever des âmes découragées par le malheur, les soutenir dans leur accablement, de ces paroles que la religion inspire, que le cœur brisé ne peut entendre que d'une bouche amie et d'une fidélité éprouvée.

Plusieurs fois la semaine, il fit arriver le pain de chaque jour à cette table richement servie naguère, où l'on avait été heureux de l'accueillir aux fêtes du foyer domestique.

Oui, il avait le cœur riche, cet ami et ce prêtre : des familles s'en souviennent encore, et les pauvres avaient besoin de dire tout haut ce que la charité lui faisait répandre dans le secret.

C'est, surtout, par l'exercice du saint ministère que le prêtre eut le mérite de répandre la consolation, et de graver la reconnaissance dans les âmes. Sa direction franche, assurée, calme, s'appliquait hardiment aux besoins qu'il savait entrevoir. Il l'expliquait ainsi lui-même. Les premières années lui causèrent des perplexités. Il consultait, il étudiait les casuistes, mais son intelligence, sa conscience lui jetaient des doutes sur les remèdes spirituels appliqués aux scrupules, aux situations délicates de l'âme. Il soupçonnait, mais hésitait à faire la part de la nature et de la conscience. Il voulut s'éclairer des décisions de deux docteurs en médecine dont il connaissait la science pratique et la prudente discrétion. Tous les deux l'honoraient de leur estime et de leur affection, tous les deux appréciaient sa conduite et sa vertu ; cependant, au début de sa consulte, ils s'étonnèrent de la liberté simple et candide de ses questions ; consultés en particulier, l'un et l'autre avaient apprécié les motifs purs et consciencieux de ses interrogations. Sur leurs décisions unanimes, le prêtre s'affermit dans sa pratique sacerdotale ; elle attira à son tribunal une clientèle très nombreuse, choisie même en dehors de ses paroisses respectives.

En 1836, le vicaire de la Cathédrale accourait dans la paroisse de Castillonnès au secours de son curé, à bout de forces et de courage : la suette y répandait la terreur ; les malades, les mourants réclamaient le ministère du prêtre, la nuit et le jour, et il était seul. Dans son anxiété pastorale, il faisait appel à l'autorité, et M. Bouscaillou arrivait avec son dévouement sacerdotal et sa charité fraternelle. A sa vue, son ami se jetait tout en larmes dans ses bras, trouvait quelques paroles entrecoupées pour bénir sa bienvenue et et le priait de se mettre à table avec lui, afin que son exemple et sa présence l'aidassent à prendre un peu de nourriture. Ils rompaient leurs premières bouchées... La cloche... des commissaires pour des mourants, en ville, à la campagne... — Allez aux plus voisins, en ville... — Je cours à ceux de la campagne. Ce calme, cette promptitude dans ce vicaire de Castillonnès, ravivaient le zèle épuisé du pasteur et le remettaient, tout émotionné encore, au service des plus voisins, tandis que l'autre se multipliait au soulagement des plus éloignés.

L'épidémie finit par s'éteindre et rendit le pasteur et le vicaire intérimaire de Castillonnès à leurs travaux ordinaires.

Le successeur du vénérable M. Dumas mourait et l'administration nommait M. Bouscaillou à la cure de Castillonnès. C'était un témoignage honorable, une récompense flatteuse des bons services rendus dans le chœur de St-Etienne d'Agen. et dans la paroisse de la Cathédrale. Le voisinage du pays natal, la satisfaction générale de sa parenté faisaient aimer ce changement au vicaire émérite, malgré les regrets de ses affections.

L'acceptation par le gouvernement de Juillet se faisait attendre outre mesure. Des familiers du pouvoir, amis de M. Bouscaillou, malgré ses opinions légitimistes, lui en révélèrent la cause. Au chant du verset officiel, imposé par le nouvel ordre des choses, le directeur du lutrin laissait aller ses aides et gardait le mutisme le plus absolu. On le faisait surveiller tous les dimanches : tous les dimanches le maitre du lutrin persévéra dans son abstention ; il était incapable de déguisement. A la fin, voyant le refus politique durer dans sa tentative, M. Bouscaillou, sans chance présumable de son maintien à Agen, alla spontanément prier l'autorité ecclésiastique de se désister en sa faveur, et proposa son confrère pour candidat, M. Péluchon. M. Péluchon était nommé à Dolmayrac, M. Bouscaillou à Lévignac et M. David à la Cathédrale. M. Pagua allait de Bon-Encontre, succursale d'un mois d'attente, à la cure de Castillonnès.

Enfin, sonna l'heure des déchirements du cœur pour l'ami et pour le prêtre. Cette âme si sensible en fut brisée. Les premières affections de ce cœur avaient pris de profondes racines dans ce sol bien-aimé; elles y prospéraient vigoureuses, à la Cathédrale, dans le chœur, au lutrin capitulaire, dans l'église paroissiale, à toutes les places diverses où Dieu avait béni, fécondé son ministère.

Il lui fallut s'exiler de cet Agen, loin de tant familles honorables, où il trouvait à son gré quelques heures de délassements honnêtes, un accueil si cordial, où il comptait des dévouements, réciprocité légitime, douce compensation des fatigues et du zèle de son sacerdoce.

Cette amertume si amère, cette âme trempée dans la foi et dans l'obéissance, la reçut dans la paix et dans la résignation chrétienne. Elle lui venait de Dieu et de son Evêque.

Mais à Lévignac, un vide immense l'attendait, il s'efforça de le combler; mais la nuit et le jour, Agen l'assiégeait de ses souvenirs.

Le nouveau curé s'absorbait en vain dans les minutieux

détails de sa charge pastorale, à l'Eglise, aux infirmes, aux pauvres, aux fêtes paroissiales ; il chercha une distraction nécessaire dans les soins de sa Communauté religieuse, dans des leçons pour les élèves avancées ; mais que pouvait offrir de travail ce nouveau poste à l'activité dévorante du prêtre et de l'ami ? Il en chercha dans une correspondance suivie, multiple, utile, nécessaire à des consciences habituées à sa direction : le temps lui durait toujours.

La mort du vénérable M. Teyssier faisait nommer M. Bouscaillou à la cure de Saint-Etienne de Villeneuve ; Villeneuve lui rendit son Agen, tout son Agen. Le vide de Lévignac était entièrement, très heureusement comblé pour le prêtre et l'ami. Il put, sans trop de regret, oublier son ancien Agen ; car, à part quelques personnes demeurées toujos fidèles à son amitié, son culte s'était refroidi, comme il se refroidit toujours par l'absence, suivie de déceptions dans la vie, pour l'homme qui ne sèmerait pas pour cette terre où tout demeure toujours vivant. Un ancien disait que les semences d'ici-bas, ne portaient qu'une moisson d'ingratitude, d'oubli, ajoutons-nous, pour être moins sévère envers les païens : *Hæc seges ingratos tulit et feret omnibus annis.*

Les apparitions de M. le Curé de St-Etienne, à Agen, furent très rares ; ses occupations et des convenances délicates lui imposèrent cette abstention : encore n'y visitait-il que quelques familles parentes de la sienne ou dévouées et chères pour des relations intimes des années de son vicariat.

Dans une de ces courtes visites, en 1852, M. le Curé de la Cathédrale se mourait. Leur séparation en avait eu un de ces malaises inévitables toujours dans des circonstances pareilles, où un besoin d'ordre ou de régularité hiérarchique force la main à l'autorité épiscopale. M. Bouscaillou allait se rendre auprès du malade, lorsqu'une dépêche de Villeréal lui annonce l'agonie d'une sœur qui réclame sa présence. « Je pars à l'instant, dit-il, peut-être serai-je à temps de lui prouver encore que je l'ai toujours sincèrement aimée, malgré ses reproches... J'obéis à cette urgente nécessité: mais j'aurais été satisfait d'avoir serré la main à M. David, peut-être ma conscience et la sienne auraient gagné à ce dernier adieu, mais je me dois à ma pauvre sœur et je cours à elle...

L'épreuve arriva après des années de bonheur ; mais elle lui venait de Dieu, dans la santé et dans la famille. Dans l'adversité, cette âme resta paisible, forte, adorant la main qui l'avait bénie dans la prospérité.

La première nouvelle de la paralysie subite qui le rendit infirme émotionna toute la ville ; on accourait en foule au presbytère. M. l'Archiprêtre de Sainte-Catherine arrivait en larmes. Le malade, sorti des troubles de cette commotion générale, ne se dissimula pas la gravité de l'attaque et voulut se prémunir, dans l'incertitude des suites d'un danger peut-être imminent. « Vous pleurez, M. le Curé, disait-il, d'un visage serein, cependant, vous allez me confesser, c'est un devoir en ce moment. Je veux le remplir. Je ne sais pas si j'en ai besoin, je ne trouve rien..., mais, c'est un devoir. » il l'accomplissait.

Pendant quelques années, son infirmité concentra le prêtre et l'ami dans le cercle de ses obligations pastorales ; il se traînait avec peine, mais avec cœur, à toutes celles qui ne lui étaient pas impossibles. A bout de forces nécessaires, il donnait sa démission et se mettait en retraite à Sainte-Sabine. Une chapelle domestique lui permit de célébrer les Saints Mystères, lorsqu'il ne se rendait pas dans la paroisse où il avait accepté quelques rares pénitentes. Les soins les plus délicats au sein de la famille, le pays et l'air natal adoucirent l'ébranlement de cette forte constitution. A la fin l'impuissance absolue le réduisit à recevoir avec abandon, sans en être humilié, les services les plus pénibles. Il connaissait le cœur *de la petite mère* qui lui ferma les yeux.

M. Bouscaillou, dans toutes les circonstances de sa vie, posséda son âme dans cette patience chrétienne, et trois ans cette sérénité amicale et badine même que donne la paix de la conscience. Il avait eu pourtant ses croix et ses sacrifices. La mort de ce frère qui devait continuer le nom de la famille, presque à la fin de l'éducation qu'il lui avait préparée ; celle de deux sœurs les plus aimées, l'une supérieure des Dames de la Croix, de Villeréal, l'autre si intelligente, si dévouée, sa ménagère, sa compagne dans sa vie privée du presbytère; de plusieurs personnes dans sa parenté ou dans ses affections sociales, des dérangements de famille, le trouvèrent sensible, sans altérer sa pensée.

Infirme et déjà en retraite à Ste-Sabine, il se traînait une dernière fois à Agen, toujours cher, où le conduisait, cette fois, l'extrême affection d'une famille alliée et la réhabilitation d'une âme que sa charité avait eue, autrefois, sous sa protection à Villeneuve; il en avait heureusement plaidé la cause, avec un ami, auprès de son Evêque, avec l'engagement exigé de lui continuer ses services à Ste-Sabine. La mort le délivrait de cette pieuse tutelle, de ses infirmités, et d'autres sollicitudes, le 25 avril 1873, à sa campagne où il avait pris sa retraite en 1871, après vingt-quatre ans de ministère, depuis la mort de M. Teyssier, en 1848, après avoir passé quatre ans à Lévignac (1848), et dix-sept ans vicaire et maître de chapelle à la Cathédrale, depuis 1828.

La paix, une aisance cordiale et franche dans le monde ou dans les sociétés pouvaient étonner quelquefois, mais la réputation de sa vertu était si bien établie, nous disait un respectable octogénaire, que dans toutes rencontres compromettantes pour d'autres, aucune n'aurait pu éveiller un soupçon pour M. Bouscaillou. Le vieillard était pourtant très difficile de sa nature, et il connaissait son monde social et les hommes. Ce témoignage nous dispense d'en fournir d'autres plus intimes et plus élogieux.

Une parole de sa dernière année, peut nous donner la clé de cette conscience dans toute sa belle vie.

C'était dans une conférence ecclésiastique de Villeréal. Au milieu des confrères qui l'entouraient de leurs respects, l'âge donnait de l'autorité au conseil, dans sa bouche. « Messieurs, dit-il avec bonhomie, le prêtre a besoin dans son ministère et dans le commerce du monde, d'une activité, d'une occupation incessante. Le travail, l'occupation, voilà la sauvegarde de sa renommée et de son salut : Je lui devrai le mien, je l'espère, ajoutait-il avec humilité. »

Le travail, l'occupation de l'esprit ou du cœur fut le mobile de sa charité : Au Petit-Séminaire, la reconnaissance le surnommait la sœur *grise* pour nos moindres maladies et de *bout-entrain* pour toutes nos récréations si innocentes et pourtant si enivrantes de souvenirs, dans cette maison si chère, où la pensée seule du vénérable Supérieur inspirait à tous ses professeurs l'amour de la règle et du devoir, sans troubler la liberté de notre âge, aux heures du délassement.

Dans le monde, partout où il pouvait être utile, dans quelques sociétés choisies où sa présence toujours désirée, sa conversation, jusqu'à son badinage, ne laissaient pas d'avoir une raison motivée.

Nous sommes bien à l'étroit dans une simple notice et bien gêné par l'âge pour payer à notre gré, à cette chère mémoire, le tribut de reconnaissance que nous lui devons pour les moments délicieux et les bons exemples que nous donna toute sa vie son amitié et son commerce. Nous nous acquittons pour nous et pour d'autres, nous ne l'ignorons pas ; jusqu'à ce que l'ami aille rejoindre bientôt l'ami, si Dieu daigne lui faire miséricorde, dans cette éternité qu'il eut toujours présente jusqu'à la fin.

En écrivant ces lignes, nous nous retrempions dans cette douce mémoire, par la pratique de sa chère maxime, lui payant un tribut secret de notre constante amitié, sans penser au public ; on nous en demande l'impression : nous ne savons pas la refuser, et le public charitable ne refusera pas son indulgence à la vieillesse de l'auteur, et sa faveur bienfaisante à la bonne œuvre qui la sollicite,

J. DELRIEU, ch. doyen.

27 mai 1879.

Agen, Impr. de P. Noubel, — F. Lamy, successeur